RÈGLEMENT

DE POLICE ET D'HYGIÈNE

de la

Station d'altitude du Tam-dao

(province de Vinh-yên).

HANOÏ-HAIPHONG
Imprimerie d'Extrême-Orient
—
1917

RÉSIDENCE SUPÉRIEURE AU TONKIN

RÈGLEMENT

DE POLICE ET D'HYGIÈNE

de la

Station d'altitude du Tam-dao

(province de Vinh-yên).

HANOI-HAIPHONG
Imprimerie d'Extrême-Orient
1917

Le Résident supérieur *p. i.* au Tonkin,

Vu le décret du 20 octobre 1911, fixant les pouvoirs du Gouverneur de la Cochinchine et des Résidents supérieurs ;

Vu l'arrêté du 16 mai 1905, portant règlement de voirie de la station de la Cascade d'Argent (province de Vinh-yên) ;

Vu l'arrêté du 2 avril 1907 relatif à la protection de la santé publique ;

Vu l'arrêté du 29 octobre 1915, nommant une commission en vue d'élaborer un règlement de police et d'hygiène et d'étudier les moyens d'améliorer, tant au point de vue des commodités urbaines qu'au point de vue sanitaire, la station d'altitude du Tam-dao ;

Vu l'arrêté du 2 janvier 1915, fixant les attributions des Directeurs locaux de la Santé ;

Le Comité local d'hygiène du Tonkin entendu ;

Sur la proposition du Directeur local de la Santé du Tonkin ;

Arrête :

Article premier. — Indépendamment des prescriptions spéciales de l'arrêté du 16 mai 1905 et des prescriptions générales de l'arrêté du 2 avril 1907 (notamment en ses articles 16, 18, 19, 20, 30), les dispositions qui suivent sont applicables à la station d'altitude du Tam-dao.

Art. 2. — Seule la construction des maisons en pierres, briques ou ciment est autorisée ; les couvertures en paillottes sont interdites.

Art. 3. — Les maisons seront munies de moyen d'évacuation des eaux pluviales, des eaux ménagères et des eaux usées.

Art. 4. — Le sol et les murs des locaux du rez-de-chaussée seront séparés des caves ou des terre-pleins par une couche isolante imperméable placée en contre haut du sol extérieur.

Art. 5. — La hauteur des maisons en façade, ou à moins de 5 m. de la voie publique, mesurée sur le point milieu de la façade, entre le niveau de trottoir ou le revers du pavé au pied de cette façade et la ligne de faîte de l'immeuble, n'excédera pas une hauteur de 6 m. augmentée d'une dimension égale à la largeur de la voie. Pour le calcul de la cote de hauteur, toute fraction de mètre de la voie sera comptée pour un mètre.

Art. 6. — Lorsque les voies sont en pente, la façade des bâtiments en bordure sera divisée, pour le calcul de la hauteur, en sections ne pouvant pas dépasser 3o mètres. La cote de hauteur de chaque section sera prise au point milieu de chacune d'elles.

Art. 7. — Pour les bâtiments compris entre des voies d'inégale largeur, ou de niveaux différents, la hauteur de chacune des façades sur rue ne pourra dépasser celle qui est fixée en raison de la largeur ou de niveaux de la voie sur laquelle elle s'élève.

Art. 8. — Les tuyaux de fumée s'élèveront à 0^m40 au moins au-dessus de la partie la plus élevée de la construction.

Art. 9. — Les habitations en bordure de rues parcourues par une canalisation d'eau potable lui seront obligatoirement reliées par un branchement spécial aux frais du propriétaire.

Art. 10. — Tout appareil de puisage ou de prise d'eau sera établi de telle sorte qu'il ne devienne pas une cause d'humidité pour la construction.

Art. 11. — L'usage des citernes est formellement interdit dans les habitations situées sur les rues parcourues par la canalisation d'eau ; dans les maisons où cette condition n'existe pas, l'usage des citernes est toléré, mais les parois de ces citernes et les tuyaux d'amenée seront imperméables.

L'orifice de la citerne sera clos et l'eau ne pourra y être prise qu'à l'aide d'une pompe ou d'un robinet siphoné suivant le cas. Des dispositions seront prises pour que les premières eaux de pluie ne soient pas versées dans les citernes.

Art. 12. — Des cheneaux et gouttières étanches, de dimensions appropriées, recevront les eaux pluviales à la partie basse des couvertures, de façon à les diriger rapidement, sans stagnation, vers les orifices les tuyaux de descente.

Art. 13. — Il est interdit de projeter les eaux usées, de quelque nature qu'elles soient, dans les cheneaux et gouttières.

Art. 14. — Dans les maisons situées sur les rues munies d'égouts, le sol des cours et courettes sera revêtu de matériaux imperméables avec des pentes convenablement réglées pour diriger les eaux pluviales sur les orifices d'évacuation (entrées d'eau).

Les entrées seront munies d'une occlusion hermétique et permanente et raccordées sur les conduits d'évacuation.

Art. 15. — Dans toute maison il y aura un cabinet d'aisance installé dans un local éclairé et aéré directement et établi à distance convenable des cours d'eau. Un évier ou un poste d'eau sera annexé à ce cabinet, toutes les fois que la canalisation le permettra. Cet évier ou ce poste d'eau comportera un robinet d'amenée pour l'eau de lavage et un vidoir pour l'évacuation des eaux usées.

Dans les établissements à usage collectif, le nombre des cabinets d'aisance sera déterminé en prenant pour base le nombre des personnes appelées à faire usage des cabinets et le séjour de ces personnes dans lesdits établissements.

Art. 16. — Dans toute maison, tout chantier de travaux, il devra exister un ou plusieurs cabinets accessibles aux indigènes.

Art. 17. — Les cabinets d'aisance seront munis de revêtements lisses et imperméables, susceptibles d'être facilement lavés ou blanchis à la chaux.

Ils seront suffisamment éclairés et aérés ; leur baie d'ouverture sera installée de telle sorte qu'elle puisse rester ouverte en permanence.

Art. 18. — Les cabinets d'aisance ne communiqueront directement ni avec les chambres à coucher, ni avec les cuisines. En aucun cas, ils n'y prendront air ni lumière.

Art. 19 — Les maisons situées à proximité d'un égout susceptible de recevoir des matières de vidanges, seront reliées à cet égout par des conduites convenablement établies. Les cabinets d'aisance seront munis d'une cuvette avec occlusion hermétique et permanente ; des dispositions y seront prises pour assurer le lavage complet de cette cuvette.

Art. 20. — Lorsque les conduits d'évacuation des matières usées aboutissent à des fosses ou à des tinettes, les cabinets d'aisance pourront être simplement munis d'un vase étanche à occlusion permanente, inodore. Les fosses d'aisance seront rigoureusement étanches.

Art. 21. — Les conduits et canalisations destinés à recevoir les matières des cabinets d'aisance auront leurs revêtements intérieurs lisses imperméables. Ils seront installés de telle sorte qu'aucune matière n'y puisse séjourner. Les joints seront hermétiques.

Les canalisations seront munies de tuyaux dits d'évent. Ceux-ci seront prolongés au-dessus des parties les plus élevées de la construction ; ils seront établis de manière à ne jamais déboucher soit au-dessous, soit à proximité des fenêtres ou des réservoirs d'eau.

Art. 22. — Lorsque les conduits des cabinets d'aisance sont reliés à des égouts publics, chacun d'eux aura à son pied une occlusion hermétique et permanente, disposée de telle sorte qu'aucun reflux de l'air de l'égout ne puisse se faire dans l'habitation.

Art. 23. — Les conduits d'évacuation des éviers, lavabos, vidoirs, bains, etc..., s'il existe des égouts publics, seront indépendants de ceux des cabinets d'aisance, et leur raccord avec l'égout sera établi comme pour ces derniers.

Art. 24. — Tous ouvrages appelés à recevoir des matières usées, avec ou sans mélange d'eaux pluviales, d'eaux ménagères ou de tous autres liquides, tels qu'égouts, conduits, tinettes, fosses, puisards, etc..., auront leurs revêtements intérieurs lisses et imperméables.

Leurs dimensions seront proportionnées au volume des matières qu'ils reçoivent. Leurs communications avec l'extérieur seront établies de telle sorte qu'aucun reflux de liquides, de matières ou de gaz nocifs une puisse se produire dans l'intérieur des habitations.

Art. 25. — Il est interdit de jeter, dans les ouvrages destinés à la réception ou à l'évacuation des eaux pluviales, des eaux ménagères et des matières usées, des objets quelconques capables de les obstruer.

Art. 26. — Les puits et puisards absorbants seront interdits.

Art. 27. — Il est interdit d'élever et d'entretenir, dans l'intérieur des habitations, un nombre de chiens ou de chats tel qu'il puisse en résulter des inconvénients pour les voisins.

Art. 28. — Tous les chiens circulant sur la voie publique ou les terrains publics devront être muselés ou tenus en laisse.

Les chiens errants et tous ceux qui seraient trouvés sur la voie publique ou sur les terrains publics, non munis d'un collier portant le nom et le domicile de leur maître, seront conduits à la fourrière et abattus après un délai de 48 heures, s'ils n'ont point été réclamés et si le propriétaire reste inconnu.

Le délai est porté à 8 jours pour les chiens avec collier ou portant la marque de leur maître.

En cas de remise au propriétaire, ce dernier sera tenu d'acquitter, en plus des frais résultant de la contravention, les frais de conduite, de nourriture et de garde.

Art. 29. — Il est également interdit d'élever, sans autorisation, des pigeons, poules et autres animaux de basse-cour qui peuvent être une cause d'insalubrité ou d'incommodité.

Art. 30. — Les locaux autorisés, dans lesquels seront placés les animaux, devront être maintenus en parfait état de propreté.

Les autorisations sont toujours révocables en cas de plainte reconnue fondée.

Art. 31. — Il est interdit de laisser vaguer des poules et autres animaux domestiques sur aucun point des voies publiques et privées.

Art. 32. — L'installation des écuries et étables est formellement interdite sur tout le périmètre de la station d'altitude du Tam-dao. Un emplacement à proximité de la station pourra être indiqué par l'Administration pour l'édification des écuries et étables. Il est également interdit de conserver dans les dépendances des habitations des bœufs, buffles, porcs, boucs, chèvres, lapins, etc...

Art. 33. — Il est enjoint à tous les propriétaires de balayer ou faire balayer complètement, chaque jour, la voie publique de leurs maisons, cours, jardins, passages et autres emplacements.

Le balayage sera fait jusqu'au milieu de la chaussée. Les propriétaires doivent tenir libre le cours de ruisseau d'écoulement des eaux au-devant de son immeuble.

Les boues et immondices provenant du balayage des rues, etc... seront mises en tas à environ 5o centimètres du ruisseau.

Nul ne pourra pousser les boues et immondices devant la propriété de ses voisins.

Le balayage sera fait avant le passage de la corvée de bouage qui commence son service à 6 h. du matin.

Il est formellement interdit de déposer et de jeter sur la voie publique, à n'importe quelle heure de jour ou de nuit, les résidus quelconques du ménage, ou les produits du balayage et raclage des jardins provenant des propriétés privées et des établissements publics.

Art. 34. — A partir de la date du présent arrêté, les propriétaires ou locataires seront tenus de déposer chaque matin, au-devant de leur habitation, un ou plusieurs récipients suffisants pour contenir les résidus du ménage.

Le dépôt de ces récipients devra être effectué une demi-heure au moins avant le passage du tombereau, qui doit commencer son service aux heures prescrites.

Les récipients devront être rentrés à l'intérieur des habitations un quart d'heure au plus après le passage du tombereau d'enlèvement.

Chaque récipient ne pourra dépasser le poids de 15 kilogrammes.

Les récipients seront munis d'une anse ou de deux poignées.

Il est interdit aux habitants de verser leurs résidus de ménage ailleurs que dans les récipients.

Il est interdit de verser dans les récipients :

1° — Les terres, gravois, décombres et débris de toute nature provenant de l'exécution de travaux quelconques ou de l'entretien des cours et jardins;

2° — Les résidus et déchets de toute nature provenant de l'exercice de commerce ou d'industrie quelconque.

Sont seules exceptées de cette interdiction les ordures ménagères provenant des établissements de consommation.

Il est expressément interdit de verser dans les récipients les objets suivants dont l'Administration assure l'enlèvement, mais qui doivent être déposés dans des récipients spéciaux, savoir :

Les débris de vaisselle, verre, poterie, etc., provenant des ménages.

Il est interdit aux chiffonniers et à toute personne de répandre des ordures sur la voie publique.

Il est expressément défendu de déposer dans les rues, places et, en général, sur aucune partie de la voie publique, de la paille, du papier, des coquilles, des cendres, résidus de fabrication, de commerce, de fruiterie et autres résidus analogues, ainsi que de la plume. Ces objets devront être portés directement aux voitures de nettoiement lors de leur passage.

Il est interdit de déposer sur aucune partie de la voie publique des pierres, terres, sables, gravois, décombres et autres matériaux.

Dans le cas où des réparations à faire dans l'intérieur des maisons nécessiteraient le dépôt momentané de terres, sables, gravois et autres matériaux sur la voie publique, ce dépôt ne pourra être fait qu'avec l'autorisation préalable du Résident, chef de province.

La quantité des objets déposés ne devra jamais excéder le chargement d'un tombereau, et leur enlèvement complet devra toujours être effectué avant la nuit. Si, par suite de force majeure, cet enlèvement n'avait pas été opéré complètement, les terres, sables, gravois, décombres et autres matériaux devront être suffisamment éclairés pendant la nuit.

Sont formellement exceptés de la tolérance les terres, moellons, briques ou autres objets provenant des fosses d'aisance ; ces débris devront être immédiatement emportés, sans pouvoir jamais être déposés sur la voie publique.

En cas d'inexécution, il sera procédé d'office et au frais des contrevenants, soit à l'éclairage, soit à l'enlèvement des dépôts, en outre des pénalités édictées.

Il est absolument interdit de se livrer dans tout périmètre de la station à tout lavage de terres, matériaux, etc., notamment en vue de l'extraction du sable, lavages de nature à troubler ou à polluer les ruisseaux.

Art. 35. — Il est défendu de jeter les eaux sur la voie publique ; ces eaux devront être portées aux ruisseaux d'évacuation pour être versées de manière à ne pas incommoder les passants.

Il est expressément défendu de jeter ou déposer sur la voie publique et dans les égouts, des urines, des boues et immondices, des matières fécales, en général, tout corps ou matière pouvant salir la voie publique, incommoder les passants, obstruer ou infecter les dits égouts.

Ceux qui transporteront des terres, sables, décombres, gravois, cendres, fumier et autres objets qui seront de nature à salir la voie publique ou à incommoder les passants, devront charger leurs voitures de manière que rien ne s'en échappe et ne puisse se répandre sur la voie publique.

Lorsqu'un chargement ou déchargement de marchandises ou de tous autres objets quelconques aura été opéré sur la voie publique dans le cours de la journée et dans les cas où ces opérations sont permises par les règlements, l'emplacement devra être balayé et les produits de balayage enlevés immédiatement.

En cas d'inexécution, il y sera pourvu d'office aux frais des contrevenants, en outre des pénalités édictées.

Art. 36. — Il est défendu d'étendre du linge ou autres objets sur aucune partie de la voie publique, ou en bordure de la voie publique.

Il est expressément défendu de battre et secouer des tapis aux fenêtres des immeubles en bordure des voies publiques. Les emplacements permis en seront indiqués par l'Administration.

Art. 37. — Les contraventions aux dispositions du présent règlement seront punies d'un emprisonnement de 1 à 5 jours de prison et d'une amende de 1 à 15 francs d'amende ou de l'une de ces deux peines seulement.

Hanoi, le 10 juin 1917.

LE GALLEN

Pour ampliation
L'Administrateur, Chef de Cabinet,
BENEYTON

www.ingramcontent.com/pod-product-compliance
Lightning Source LLC
LaVergne TN
LVHW010255030726
842520LV00007B/2953